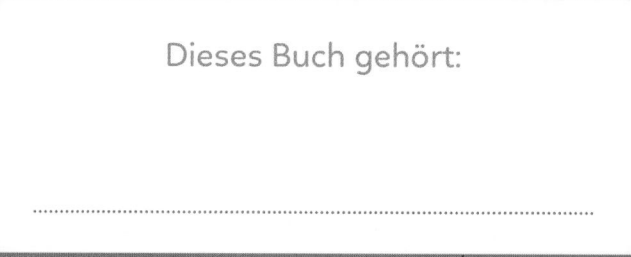

Dieses Buch gehört:

....

Jule Fenzel, 1980 geboren, ist ein Bewegungsmensch. Seit Yoga in ihrem Leben Einzug gehalten hat, ist ihr der Zusammenhang zwischen Körper und Geist noch viel bewusster geworden. „Wenn du dich selber besser spüren kannst, findest du leichter zu innerer Ausgeglichenheit." – Gerade der Yoga, mit seinen zahlreichen Stellungen aus dem Tierreich, bietet Kindern einen riesigen Spielplatz, an dem sie ihrer Kreativität, ihrer Spontaneität und ihrem Bewegungsdrang mit viel Spaß und Leichtigkeit nachkommen können.

© 2017 klein und groß Verlag, Bauerngasse 29, D-90443 Nürnberg
Gestaltung: Tocologo Kommunikationsdesign
Repro: m4p Kommunikationsagentur GmbH, Nürnberg
Druck und Bindung: Leo Paper
Alle Rechte vorbehalten
ISBN 978-3-946360-09-4

Weitere Informationen zum Kinderbuchprogramm des klein & groß Verlags finden sich auf **www.kleinundgross-verlag.de**

Hinweis:
Alle Übungen in diesem Buch sind von der Autorin und vom Verlag sorgfältig erprobt und geprüft worden. Dennoch kann eine Garantie nicht übernommen werden. Sie entscheiden in eigener Verantwortung, ob Sie diese Übungen mit Ihrem Kind umsetzen. Holen Sie gegebenenfalls den Rat eines Arztes ein. Eine Haftung für Personen-, Sach- und Vermögensschäden ist ausgeschlossen.

Jule Fenzel

Yoga
macht
Kinder
stark

Mit Basteleien von Hannah Kastenhuber
und Fotos von Jens Wegener

klein & groß
Verlag

Inhalt

Yoga für Kinder

Ein gutes Körpergefühl

Yoga hat in Indien eine jahrtausendelange Tradition. Der Begriff stammt aus dem Sanskrit, der altindischen Gelehrtensprache, und bedeutet „Verbindung" – Verbindung von Körper und Geist. Auch bei uns wird Yoga seit vielen Jahren praktiziert. Dabei handelt es sich um das Hatha-Yoga, eine sehr körperorientierte Ausrichtung mit Dehn- und Atemübungen. Yoga war lange Zeit nur den Erwachsenen vorbehalten, doch mittlerweile weiß man auch um seine wohltuende Wirkung auf Kinder. Gerade Kinder, die Probleme haben, sich zu konzentrieren, zappelig sind, unter Blockaden leiden oder schüchtern und ängstlich sind, können mit Hilfe von Yoga-Übungen Verspannungen lösen und ein gutes Körpergefühl entwickeln.

Natürliches Bedürfnis nach Bewegung

Die Übungen machen den Kindern in aller Regel Spaß, da sie ihrem natürlichen Bedürfnis nach Bewegung entgegenkommen. Und sie finden die Yoga-Übungen schon allein aufgrund ihrer Bezeichnungen – wie Frosch, Schlange, Büffel oder Krokodil – spannend.

Obwohl die Kinder die gleichen Übungen wie die Erwachsenen ausführen, gibt es einen großen Unterschied. Erwachsene wollen die Übung und deren Wirkung erklärt bekommen. Kinder dagegen sind neugierig und wollen etwas tun. Man muss ihnen die Übung „Löwe" nicht erklären, da sie sofort wissen, was sie zu machen haben – sich nämlich auf alle viere niederzulassen und gefährlich zu fauchen ...

Jule Fenzel

Tipps fürs Yoga-Üben:

· eine ruhige Atmosphäre zum Üben schaffen,
· genügend Zeit einplanen,
· auf eine angenehme Raumtemperatur achten – es soll nicht zu kalt, aber auch nicht zu warm sein,
· der Boden, auf dem geübt wird, soll nicht zu kalt sein,
· nicht mit vollem Bauch üben,
· auf bequeme Kleidung achten, die nirgends einengt,
· Yoga soll nicht anstrengend sein! Also immer nur so lange üben, wie man kann und Spaß daran hat. Es geht nicht darum, von Anfang an alle Übungen perfekt auszuführen.

Die Anleitungen zu den Basteleien, die zu jeder Yoga-Übung gehören, stehen als Download zur Verfügung:

www.kleinundgross-verlag.de/extra

Sie können aber auch per Mail angefordert werden:

mail@kleinundgross-verlag.de

Die wandernde
Sonne

1 Du gehst in die Hocke und hast deine Hände neben dir auf dem Boden.

2 Du richtest dich langsam auf und nimmst die Arme seitlich mit nach oben.

3 Du streckst dich, machst dich ganz lang und lässt die Finger dabei spielen.

Du bist die **Sonne**, die aufgeht, wandert und wieder untergeht.

4 Du gehst zurück in die Hocke und nimmst die Arme über die Seiten mit nach unten.

Diese Übung regt den Kreislauf an und „weckt" den Körper auf.

Wiederhole die Übung drei- bis fünfmal.

Der laue Sommerwind

1 Du stehst fest auf beiden Beinen und hast die Arme weit über deinen Kopf ausgestreckt.

2 Du beugst den Oberkörper mit gestreckten Armen nach unten.

Diese Übung löst Verspannungen im Rücken und fördert die Verdauung.

Du bist der **Sommerwind,** der die Blumen auf der Wiese sanft streichelt.

4 Du kommst langsam nach oben und lässt deine Arme locker an der Seite herabhängen.

3 Du lässt den Kopf hängen und streichst mit den Händen im Halbkreis um deine Beine.

Dies wiederholst du sechs- bis zehnmal.

Die regnende
Wolke

1 Du stehst fest mit beiden Beinen auf dem Boden und hebst deine Arme auf Schulterhöhe an. Deine Handflächen zeigen nach unten.

2 Du drehst deinen Oberkörper langsam nach links und rechts und bewegst dabei deine Finger. Jetzt wird alles um dich herum nass.

Wiederhole die Links-rechts-Drehung des Oberkörpers sechs- bis zehnmal.

3 Du wackelst weiter mit den Fingern und drehst deine Handflächen dabei Richtung Himmel und wieder zurück.

Du bist eine **Regenwolke,** die alle Blumen auf der Wiese gießen möchte.

4 Zuletzt lässt du deine Arme seitlich herabsinken.

Diese Übung spricht die schrägen Rücken- und Bauch-muskeln an und fördert die Mobilität der Wirbelsäule.

Die sich wiegende
Sonnenblume

1 Du stehst mit beiden Beinen fest auf dem Boden und stellst dir vor, dass aus deinen Füßen Wurzeln ganz tief in den Boden wachsen.

2 Du führst die Arme seitlich über deinem Kopf zusammen und drückst die Handflächen fest aneinander.

Diese Übung fördert die Mobilität der Wirbelsäule. Außerdem wird die Atemmuskulatur gedehnt und deren Durchblutung angeregt.

Du bist eine **Sonnenblume**, die sich auf der Wiese im Sommerwind wiegt.

3 Du wiegst dich sanft von links nach rechts wie eine Sonnenblume im Sommerwind.

Wiederhole diese hin und her wiegende Bewegung sechs- bis zehnmal.

4 Dann lässt du deine Arme wieder über die Seiten nach unten sinken.

Der springende Frosch

1 Du gehst in die Hocke und legst deine Hände vor dir auf den Boden.

2 Du drückst dich aus der Hocke heraus und springst mit beiden Füßen gleichzeitig ab. Die gestreckten Arme nimmst du mit Richtung Himmel. Dabei machst du dich ganz lang.

3 Jetzt machst du sechs bis zehn Hüpfer quer durch den Raum.

Du bist ein **Frosch**, der gleich loshüpfen möchte.

4 Du kommst auf deinen Platz zurück und kniest dich hin. Der Po befindet sich auf den Fersen. Du lässt die Stirn auf den Boden sinken und berührst deine Füße mit den Händen. Dein Atem beruhigt sich.

Diese Übung schafft ein Bewusstsein für die Stärke des eigenen Körpers und kräftigt die Beine.

Die sich dehnende
Katze

1 Du kommst in den Vierfüßlerstand. Die Knie befinden sich dabei unter der Hüfte, die Hände unter den Schultern.

3 Du lässt deinen Rücken möglichst tief sinken. Dann schiebst du deinen Po Richtung Decke und hebst den Kopf leicht an.

Insgesamt sechs- bis zehnmal den Rücken rund machen beziehungsweise sinken lassen.

2 Du machst deinen Rücken ganz rund. Dabei rollst du dein Kinn Richtung Brust.

Du bist eine Katze, die sich dehnt und streckt.

4 Du lässt deinen Po auf die Fersen und deine Stirn auf den Boden sinken. Mit den Händen berührst du deine Füße.

Diese Übung wirkt ausgleichend. Die Vorder- und die Rückseite des Körpers werden gleichermaßen gedehnt und komprimiert.

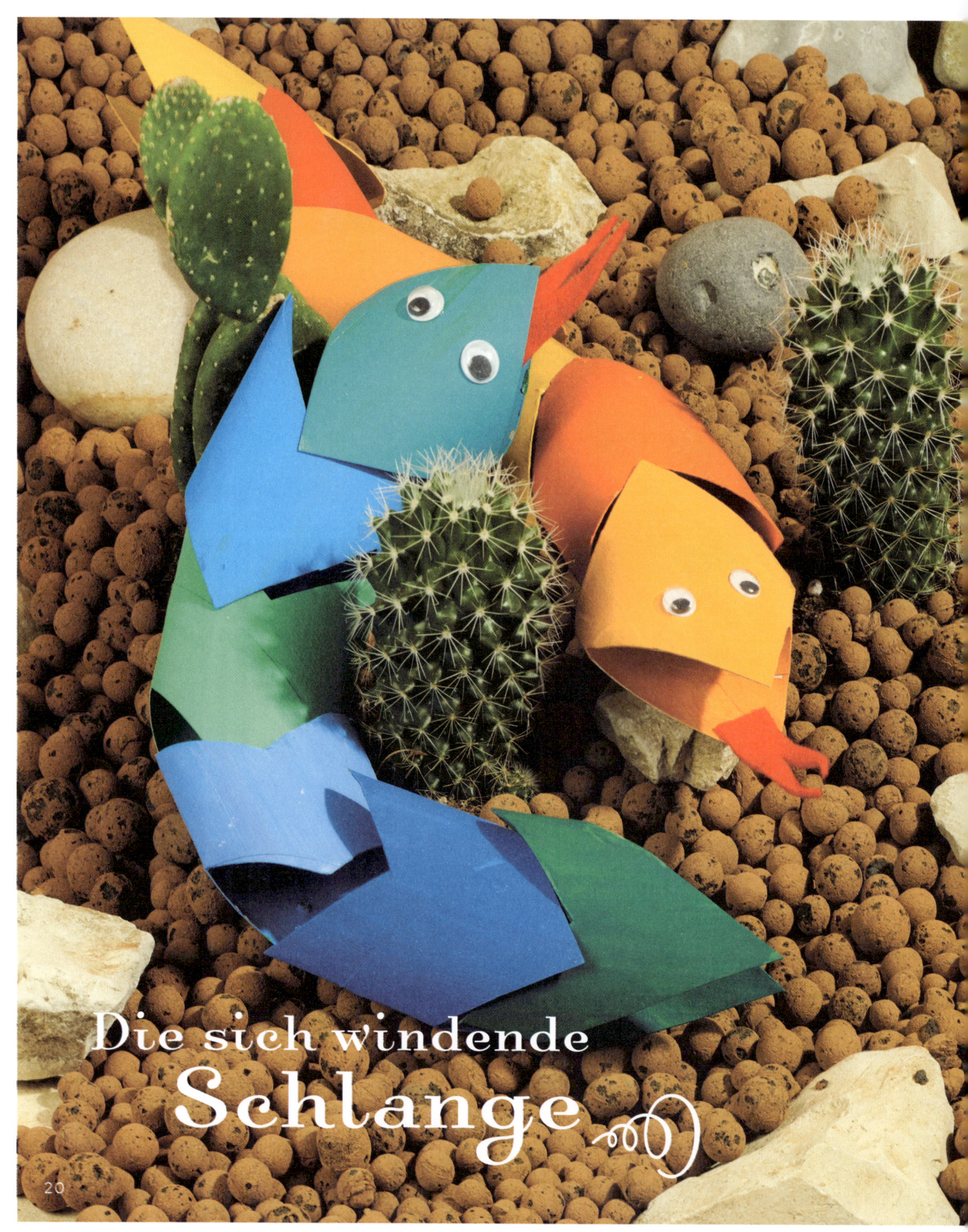

Die sich windende
Schlange

1 Du legst dich auf deinen Bauch und spürst den Boden unter deinem ganzen Körper.

2 Deine Hände befinden sich seitlich auf Schulterhöhe. Wenn du magst, kannst du sogar deine Finger aufstellen.

Diese Übung fördert die Mobilität der Wirbelsäule und weitet Lungen- und Herzraum. Außerdem kräftigt sie die Finger-, Hand- und Schultermuskulatur.

Du bist eine *Schlange,* die sich in die Höhe schlängelt.

3 Du richtest den Oberkörper auf und machst Schlängelbewegungen. Dabei zischst du wie eine Schlange: „Sssssssssss!"

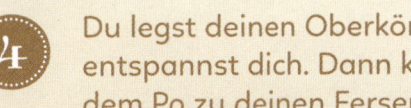

Lass den Oberkörper sechs- bis zehnmal hin und her schlängeln.

4 Du legst deinen Oberkörper ab und entspannst dich. Dann kommst du mit dem Po zu deinen Fersen. Die Stirn lässt du auf den Boden sinken. Deine Hände berühren die Füße.

Der schleichende
Salamander

1 Du legst dich auf den Bauch und spürst den Boden unter deinem ganzen Körper.

Du bist ein **Salamander,** der durch den Raum kriecht.

2 Erst winkelst du deinen rechten Arm und dein linkes Bein an und schiebst dich wie ein Salamander vorwärts.

Diese Übung schult die natürlichen Bewegungsmuster und kräftigt den ganzen Körper.

3 Dann winkelst du deinen linken Arm und dein rechtes Bein an und schiebst dich weiter. So bewegst du dich durch den Raum.

4 Du kehrst auf deinen Platz zurück und legst dich ganz entspannt in Bauchlage ab. Deine Hände legst du unter die Stirn.

Wiederhole die schleichenden Bewegungen sechs- bis zehnmal.

Der Hase
auf der Lauer

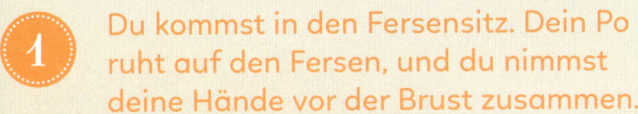

1 Du kommst in den Fersensitz. Dein Po ruht auf den Fersen, und du nimmst deine Hände vor der Brust zusammen.

2 Du schiebst ganz langsam dein Becken nach vorne und richtest dich in den Kniestand auf. Dabei darfst du deine Hände aneinanderpressen.

3 Du lässt dich ganz langsam wieder auf deine Fersen sinken und hältst, wenn du magst, deine Hände aneinandergepresst.

Wiederhole das Ganze drei- bis sechsmal.

Diese Übung verleiht Energie, kräftigt die Beine und dehnt den Fußspann.

Du bist ein **Hase**, der sich aufrichtet, um seine Umgebung besser beobachten zu können.

4 Zuletzt lässt du die Arme seitlich herabsinken. Du legst deinen Oberkörper nach vorne ab und berührst mit der Stirn den Boden.

Der schwimmende Fisch

1 Du legst dich lang ausgestreckt mit dem Bauch auf den Boden und drehst den Kopf auf eine Seite.

2 Du berührst mit deiner Stirn den Boden und führst deine Hände auf dem Rücken zu einer Rückenflosse zusammen.

3 Du atmest tief ein und hebst deinen Oberkörper und deine Beine vom Boden ab. Wenn du magst, bewegst du dabei auch noch die Hände.

Diese Übung baut Nervosität ab und kräftigt den Rücken.

Du fühlst dich leicht wie ein *Fisch* im Wasser.

4 Du legst deinen Körper wieder ganz entspannt auf dem Boden ab und drehst deinen Kopf auf die andere Seite.

Wiederhole die Übung sechs- bis zehnmal.

Der fliegende
Schmetterling

1 Du setzt dich auf die Matte. Deine Fußsohlen berühren sich. Mit deinen Händen umfasst du deine Knöchel. Die Ellenbogen sind nah an deinem Körper. Dein Rücken ist ganz gerade aufgerichtet.

Diese Übung schult die Beweglichkeit der Hüftgelenke und bewirkt eine gute Sitzhaltung.

2 Du drückst deine Fußsohlen ganz fest zusammen. Dann bewegst du deine Knie zehn- bis zwanzigmal nach oben und unten wie die schlagenden Flügel eines Schmetterlings.

3 Du hältst deine Knie so nah wie möglich am Boden. So bleibst du sechs bis zehn Sekunden.

Du bist ein **Schmetterling,** der sich aufs Fliegen freut.

4 Du richtest deine Knie wieder auf und schüttelst deine Beine aus.

Das treibende Boot

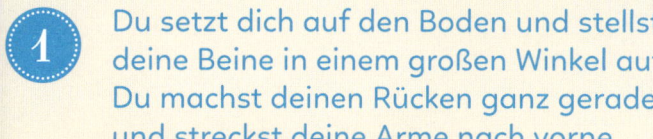

1 Du setzt dich auf den Boden und stellst deine Beine in einem großen Winkel auf. Du machst deinen Rücken ganz gerade und streckst deine Arme nach vorne.

2 Du lässt dich etwas nach hinten sinken. Dann hebst du die Beine vom Boden ab, so dass sich deine Unterschenkel parallel zum Boden befinden.

3 Wenn du möchtest, drückst du die Knie durch und streckst die Beine gerade aus. Halte die Beine sechs bis zehn tiefe Atemzüge lang in angehobener Position.

Du bist ein stabiles **Boot**, das auf einem See treibt.

Diese Übung kräftigt die Mitte des Körpers und verleiht Selbstvertrauen.

4 Jetzt stellst du deine Beine wieder in einem großen Winkel auf dem Boden ab und legst deinen Oberkörper entspannt darauf.

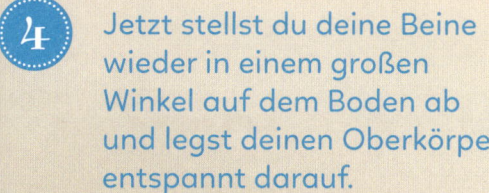

Der grasende
Büffel

1 Du kommst in den Vierfüßlerstand und stellst deine Zehenballen fest auf den Boden. Du spreizt deine Finger und drückst sie ebenfalls fest auf den Boden. Dann hebst du deinen Po Richtung Decke und streckst die Beine dabei durch.

2 Du beugst und streckst im Wechsel deine Beine und lässt dabei die jeweilige Ferse tief in den Boden sinken.

Dies wiederholst du sechs- bis zehnmal.

Diese Übung kräftigt die Schulter-, Arm-, Hand-, Bein- und Fußmuskulatur.

Du bist ein starker **Büffel**, der friedlich grasend über die Weide zieht.

3 Du bewegst dich in dieser Stellung durch den Raum und fühlst dabei deine Stärke.

4 Du kommst zurück auf die Matte, spreizt die Knie und legst deinen Oberkörper nach vorne ab. Deine Stirn legst du auf die Hände.

Der starke Baum

1 Du stehst mit beiden Füßen fest auf dem Boden.

2 Du streckst deine Arme auf Schulterhöhe aus und verlagerst dein Körpergewicht auf einen Fuß. Du hebst dein anderes Bein an und stellst die Fußsohle an das Standbein. Mit deinen Augen fixierst du einen Punkt vor dir.

Versuche, etwa zwanzig Sekunden lang das Gleichgewicht zu halten.

Du bist ein großer, starker Baum, dessen Wurzeln weit in die Erde reichen.

3 Dann stellst du den Fuß auf den Boden zurück und spürst nach, wie er sich mit dem Untergrund verwurzelt. Anschließend wiederholst du das Ganze mit dem anderen Bein.

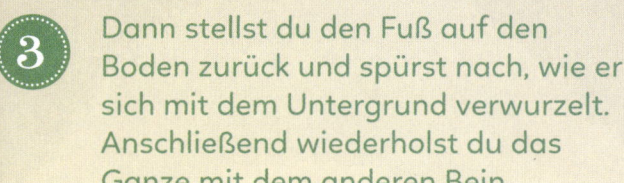

4 Zuletzt stehst du mit beiden Füßen wieder fest auf dem Boden. Du schließt deine Augen und spürst nach, wie gut verbunden du mit der Erde bist.

Diese Übung fördert die Konzentrations- und Gleichgewichts- fähigkeit und verhilft zu innerer Ruhe.

Das faule Krokodil

Du legst dich flach auf den Rücken und stellst deine Füße auf. Die Arme hast du seitlich weit ausgestreckt.

 Du wiegst deine Knie sechs- bis zehnmal langsam hin und her. Dann legst du deine Knie auf einer Seite ab und drehst den Kopf in die entgegengesetzte Richtung. In dieser Position verharrst du etwa 30 Sekunden.

Du bist ein faules Krokodil, das sich im Wasser treiben lässt.

 Anschließend wiegst du deine Knie wieder sechs- bis zehnmal langsam hin und her. Jetzt legst du sie auf der anderen Seite ab und drehst den Kopf in die entgegengesetzte Richtung.

 Du ziehst die Knie an deinen Brustkorb und umarmst deine Beine. Dann wiegst du dich auf deiner Wirbelsäule von links nach rechts.

Diese Übung mobilisiert die Wirbelsäule, fördert den Rückfluss des Blutes zum Herzen und ernährt die Bandscheiben.

Der brüllende Löwe

1 Du kommst in den Vierfüßlerstand. Deine Arme stellst du ganz fest auf den Boden.

3 Der Löwe verteidigt sein Revier: Du atmest tief ein, hebst dabei deine Arme hoch und formst deine Hände zu Pranken. Dabei reißt du die Augen und den Mund wieder weit auf und streckst die Zunge ganz weit heraus. Diesmal brüllst du dreimal laut: „Uaaaaahhhhh!"

2 Der Löwe wacht auf: Du atmest tief ein, reißt die Augen und den Mund weit auf und streckst die Zunge ganz weit heraus. Dann atmest du dreimal ein langes „Haaaaaaaa!" aus.

Diese Übung hilft, Anspannung und Stress abzubauen. Außerdem verleiht sie ein Gefühl von Mut und Stärke.

Du bist der König der Tiere – ein großer, starker Löwe!

4 Zuletzt legst du dich auf den Rücken und legst die Hände auf deinen Brustkorb.

Spüre jetzt nach, wie sich dein Gesicht und dein Brustraum anfühlen.

Die summende Hummel

1 Du sitzt im Schneidersitz auf der Matte. Du ballst die Hände zu Fäusten und hebst sie auf Brusthöhe an.

2 Du atmest tief ein und hebst dabei deine Ellenbogen so hoch an, wie du kannst.

3 Du atmest mit einem tiefen, summenden „Hmmmm" aus und lässt dabei die Ellenbogen sinken.

Du bist eine **Hummel,** die von Blüte zu Blüte fliegt und Nektar sammelt.

4 Wiederhole das Ganze mehrmals. Zuletzt legst du dich auf den Rücken, legst die Hände auf den Brustkorb und spürst nach, wie sich dein Körper anfühlt.

Diese Übung vertieft die Atmung, verbessert die Sauerstoffzufuhr und schult die Achtsamkeit für den eigenen Körper. Sechs- bis zehnmal wiederholen.

Der pustende
Wind

1 Du kommst in den Fersensitz.

2 Du legst die Hände auf deinen Bauch und atmest ganz tief ein.

3 Du atmest sechs- bis zehnmal abwechselnd mit einem ganz langen „Puhhhhh" beziehungsweise einem ganz langen „Schhhhhhhh" aus.

Du bist der aufkommende **Wind**, der über die Felder streicht.

4 Zuletzt legst du dich auf den Rücken und legst die Hände auf deinen Brustkorb. Spüre nach, wie sich dein Körper anfühlt.

Diese Übung fördert das lange, tiefe Ausatmen, sie entschlackt den Körper und stärkt die Atemmuskulatur. Außerdem bringt sie Ruhe und baut Stress ab.

Der sich räkelnde Tiger

1 Du liegst auf dem Rücken auf deiner Matte.

2 Du streckst deine Arme und Beine nach oben und bewegst sie Richtung Himmel.

3 Du lässt die Arme hinter deinen Kopf und die Beine auf den Boden sinken. Jetzt rollst du genüsslich hin und her.

Du bist ein *Tiger,* der sich nach einer anstrengenden Jagd ausruhen möchte.

Diese Übung bewegt den ganzen Körper und signalisiert das Ende der Yoga-Einheit.

4 Du legst die Handrücken seitlich neben deinem Körper ab und lässt die Fußspitzen nach außen sinken. Der Tiger liegt ganz entspannt da und bewegt sich nicht mehr.